꺾는다, 말뿐인 붓을

송인영: 제주 서귀포시 표선 출생. 제주대학교 대학원 국어국문학과 졸업. 2010년 〈시조시학〉 신인작품상 등단, 2017년 서귀포 문학작품 전국 공모전 수상, 시조집 『별들의 이력』, 『앵두』, 현대시조 100인선 선집 『방언의 계보학』, 시모음집 『그리운 건 가까워도 그리워』
- E-mail: pinesong1011@hanmail.net

다층현대시조시인선 009
꺾는다, 말뿐인 붓을

발행일 2022년 9월 30일
지은이 송인영
펴낸이 김동진
펴낸곳 도서출판 다층
등록번호 제27호
주소 (63211)제주특별자치도 제주시 오복5길 10, 1층
전화 (064)757-2265/FAX(064)725-2265
E-mail dc2121@empas.com

ⓒ 송인영, 2022. Printed in Jeju, Korea

ISBN 978-89-5744-106-0 03810

값 10,000원

* 지은이와 협의하여 인지를 생략합니다.
* 본 책의 내용 전부 또는 일부를 다른 매체에 소개하고자 할 때에는 저자와 본사의 동의를 얻어야 합니다.

다층현대시조시인선 009

송인영 시집

꺾는다, 말뿐인 붓을

다층

* 페이지 시작과 끝부분에 〉표시는 연을 구분하는 표시입니다.

시인의 말

숲길을 걷다가
민달팽이 한 마리를 만났다. 그대로 두면 사람들의
발길에 남아나지 않을 것 같아 나름 그가 가고자 하는
방향으로 떠나보내고는

문득
그의 생각과 나의 생각이 다를 수도 있다는 생각에

이렇듯
늘 길을 잃으면서도 내 말들의 기록들은
아직도 여전히

2022년 가을
송인영

차례

5__시인의 말

제1부
11__표선에서
12__엉또
13__치킨, 날다
14__자리젓
15__빙떡
16__겨울 시집
17__어드레 감수꽈
18__양파, 도마를 썰다
19__여우야, 여우야 뭐하니?
21__공터의 하루
22__종주(縱走)
23__사랑의 기울기
24__물집을 터트리다

제2부
27__섬의 사회학
28__꽃의 지문
29__법정사지 봄빛
30__울음의 본적을 찾다
31__도(刀)
32__겨울에 읽는 오름 시편
33__4월, 동광리에서
34__찔레꽃 아리랑
35__빼때기떡 이야기

36__하현달
37__가시리
38__불룩한 부록(附錄)
39__한 컷

제3부
43__화산섬의 저녁
44__깅이죽
45__모란에게
46__노을을 편애(偏愛)하다
47__방패비늘
48__콩국에 대한 명상
49__자반고등어
50__제주 월동(越冬)무
51__팥죽 별리(別離)
52__새, 푸드덕 날다
53__화장을 지우다
54__빙하기 시대
55__아슬아슬

제4부
59__정오(正午)의 詩
60__'바게뜨'라는 그대
61__타클라마칸
62__떡점
63__그믐
64__심심한 안녕
65__은총
66__소확행

67__아시
68__벚꽃 벚꽃 바라아제
69__반성문
70__나이테
71__문득,

제5부
75__소리를 읽다
76__남해의 소리를 찾아서
77__광양만 매화
78__푸른 사상
79__목련, 청춘들
80__낙서를 지우다가
81__어둠의 이유
82__은행나무의 공식
83__시월에
84__목련꽃차로 내리는 봄빛
85__말들의 기록
86__그늘이 환하다

해설
87__당신의 섬을 만나 절망하지 않기 | 김효선

제1부

표선에서

삭제하지 못한 비가 아침부터 내리는데

그동안/스펨으로/날아와/내/몸에/첩첩하게/쌓인/생각/갈무리한/봄을/삭제하는/빗소리/서둘러/삭제하고

나는 또 묵상을 한다
창세기를 읽으며

엉또*

모름지기 남자는 헤프게 울지 않는 법
일평생 그 말씀을 유언으로 삼았을까?
아버진 가문 날 벼랑처럼
그리 살다 가셨다

울고 싶은 이 세상 끝까지 부둥켜안고
절대로 울지 않는 아버지가 되기 위해
남몰래 밤하늘 바라보며
외려 별을 위로하며

산다는 건 슬픔도 가슴에 음각하는 일
아버지가 남겨놓은 아버지의 고집같이
함부로 눈물 보일 수 없어
나는 울음을 삼킨다

* 엉또 폭포.

치킨, 날다

부르릉 파닥이는 소리만 듣고 들어도
나는 알 수 있네, 그게 무슨 뜻인지
답 없는 질문을 그러안고
맞이한 어둠인 걸

갓 튀겨낸 0시는 겉바속촉 맛 나는데
도시의 허기를 배달하고 돌아가던 길
별똥별 지듯이 한순간에
사라져간 생이여

이루지 못한 꿈이 물음표가 된 겨울
가고 없는 가장의 자취라도 기리는지
먹먹한 가로등 불빛이
시린 날개를 편다

자리젓

못다 한 마음이 천년을 되돌려서 혼자 몰래 사랑한
그 마음 다시 곰삭혀
천년에 다시 천년 더 그리워할 수 있다면

빙떡

언젠간 우리들은 만나지 않겠습니까

돌고 도는 세상사 아무리 고단타 해도

살면서 문득 돌아보면

거기, 내가 있을게요

겨울 시집

못 지킨 약속처럼 말라버린 책갈피 속
긴 잠이 웅크린 채 눈 속에서 자고 있네

얼마나 적막했을까?
밤이 너무 길고 깊다

펴지지 않는 건 끝까지 날 믿는단 말
그러니까 함부로 말하지 말라는 뜻

접힌 귀 몰래 펴 본다,
그곳에 詩가 잔다

어드레 감수꽈*

맴돌고 맴도는 게 잠자리만은 아닌 지
식전부터 법원 동네 찾아간 순홍이삼춘
밟은 길 자꾸만 밟는다,
고단한 납빛으로

풀지 못한 실마리가 밭담처럼 널브러져
무너질 듯 위태로운 그림자 길게 끌고 가서
버리듯, 소송장을 내밀어
배반의 흔적 지웠나

아무것도 몰랐다면 차라리 좋았을 것을
무작정 걸어가다 순환버스 정류장에 앉아
바닥에 뒹구는 절망을
구둣발로 뭉개는

---

* '어디로 가고 있습니까'라는 뜻의 제주어.

양파, 도마를 썰다

만만한 게 나인가요? 뭐 그리 신나나요

비겁하게 날마다 변명만 하지 마시고

원하면 한 번 썰어보세요

나도 밤이 궁금하네요

보름달 바라지만 결코 쉽지 않을 걸요

믿음이 깨진 순간 사랑은 사라질 테니까

그러니, 제발 조심하시고

얌전하게 사세요

여우야, 여우야 뭐하니?

노루 꼬리 그보다도 더 짧은 가을 가고

 북극을 출발했다 해도 아직은 때 이른 추위, 찬바람 돈다는 소문만 돌아도 밤톨처럼 웅크리는 옆지기가 하도나 딱해 겨울용품 준비할 요량으로 재래시장 한 바퀴를 돌아든 순간, 카페트 그중에서도 제일로 따뜻하다는 극세사 카페트부터 황토 매트, 온수 매트, 전기장판, 전기방석 신상도 신상이지만 꽃미남에 입담까지 걸쭉한 점원에게 이끌리어 "돈 잘 벌어오지, 애들 잘 커 주지, 집 있지, 땅 있지 세상 부러울 게 없어. 그런데 눈만 뜨면 부부가 싸움을 해, 참으로 모를 일이지 모를 일이야. 말이 났으니 말이지, 추우면 제일 생각나는 것은 뭐니 뭐니 해도 뜨뜻한 아랫목 아니여. 그런데 집구석이라고 들어가 봐야 날마다 얼음장이니 신랑이 제아무리 훌륭하면 뭐해, 그놈의 바닥이 썰렁한디…" 이 말끝에 후끈 단 엄마들 우르르 그쪽으로 몰려가는가 싶더니. 아, 난데없이 그 반대쪽 어물전에서 물 좋은 고등어 한 마리 고르던 아주머니 한 분이 무심결 던진 그 한 마디가 장 보던 오후 네 시를 홍시보다 더 붉게 물들였다는데,

〉
"바닥이 훌륭하면 뭐 한대유, 신랑이 거시기 헌디!"

공터의 하루

몇 번이나 망설여 돌아 나간 흔적처럼
상처를 발가벗겨 화분 채 버려진 행운
지난밤 누군가 몰래 흘린
무슨 슬픈 눈물인가

연민은 늘 저렇듯 바닥일 때 더 뜨거워
나 아닌 나를 위해서 내 몸을 내려놓고
공터가 부둥켜안은 설움
한 줄씩 읽어본다

인연이 다 됐다고 쉽게 잊힐 운(運)이었나
바라기는 단 하나 햇살 맑은 눈을 빌려
메마른 수많은 추억을
떠올리는 행운목

종주(縱走)

둥굴레 빛 궤짝 위에 늙은 호박 혼자 있네

산맥이 뻗어가듯 뻗어 나간 골짝골짝

한평생

멈추지 않고

달려오신

내 아버지

사랑의 기울기

신발은 왜 항상 코부터 젖는 건지
그런데도 나는 매일 똑같은 모습인지
그 이유 생각하는 동안
저녁이 몰려왔다

내리는 가을비에 컴컴해진 골목에서
누군가를 기다리며 외롭다 말을 하는
가로등 습한 모습들이
자꾸만 움푹해져

슬픔도 깊어지면 앞섶부터 아득한가
그 어떤 위로에도 마음 다잡지 못해
언제나 더 사랑한 쪽이
빗소리로 떠도는

물집을 터트리다

당신은 너무 오래 스스로를 괴롭혔어

말보다 더 강한 구속이 글이라서

이렇게 각서를 쓴다, 날 좀 이해해줘

여기까지 오는 동안 나 많이 참았어

입술에 앉은 딱지 당신의 과거 같아

그동안 뭉게구름들 오름으로 떠올라

제2부

섬의 사회학

흔한 게 돌이라서 쌓는 게 담이라 마씸?

함부로 말허지 맙써, 살아보지도 않고서

느쟁이* 그 범벅 낭푼에도

무사* 경 꼭 금 긋는지,

*' 메밀을 갈아 가루를 체에 쳐내고 남은 속껍질'라는 뜻의 제주어.
* '왜'라는 뜻의 제주어.

꽃의 지문
― 섬나라 메밀꽃

꽃 중에 메밀꽃은 지문 전혀 없단다

아무런 이유 없이 끌려온 그 날부터

날마다 죽을 둥 살 둥

허기를 지웠으니

용서치 마십시오, 용서치 마십시오

가려진 상처 뒤에 숨은 음모를 밝혀

이제는 여느 꽃보다

토박이가 돼버린

법정사지 봄빛

흔적은 풀꽃으로 허기를 달래는지
한라산 둘레길에 희미해진 절을 안고
무오년 그 바람 소리가
쌀알을 고르고 있다

손등의 밥물 같은 600고지 능선에서
돌아올 스님들의 승전보를 기다리듯
개망초 또 한 사발 쌀밥
고봉으로 올리는데

그날의 함성들을 메아리로 불러내면
화답하는 풍경들 낮달이 저며 가도
풀꽃은 푸른 적막 눈으로
먼바다에 가 닿는다

울음의 본적을 찾다

사무치면 저렇게 혓바닥이 꼬이는 건지
날아온 뻐꾸기가 법국 법국 울어댄다
오래전 변방의 아픈 기억
잊어먹지 말라는 듯

못다 한 노래라면 오늘 내가 부르리
이도 저도 아닌 어둠 하나하나 되짚어서
살아와 한껏 섬 그러안은
이재수*의 봄이여

눈 감고 귀 막는다고 지워질 기억일까
쏟아낸 슬픔들이 메아리로 떠돌아도
그날의 뜨거웠던 노을
황사평을 데운다

* '이재수의 난'의 '이재수'.

도(刀)
— 서상돈 고택에서

무뎌져야 날 다시 세울 명분이 생긴다고?

나 이미 그 문장을 수만 번 곱씹었으니

차라리 부러질망정 녹아 없어지진 않겠어

겨울에 읽는 오름 시편
― 제주 해녀

물에 들면 산 사람, 뭍에서는 죽은 사람

섬에서 나고 자라 바다밖에 모르지만

목숨이 빗창* 같아서 바닥을 기어 다녔다

엎드린다고 모두 다 똑같지는 않았을 터

거스르면 거스를수록 더 일어서는 파도처럼

한평생 토한 숨비소리 지울 때가 왔으니

숫돌이면 어떻고 담벼락이면 또 어떠랴

피멍 든 바다 안고 동백꽃 피는 날에

턱까지 차오른 밀물, 눈 감고 매만진다

* 해녀들이 전복을 딸 때 사용하는 쇠붙이로 만든 도구.

4월, 동광리에서

쇠뿔도 오그라지는 정월 상달 그 어간
죄라면 난리 피해 숨어 산 게 전부인데
어느 날 첩첩한 어둠 사이
끼어버린 사람들

산에서는 몸이 얼고 내려가면 아득하고
사냥개를 자처한 무서운 아귀를 피해
독 안에 웅크린 쥐처럼
한겨울을 견뎠으니

꾸며낸 이야기도 이보다는 슬프지 않아
구름 위에 마음을 서책처럼 쌓으면서
세월이 다볼다볼 흘렀지만
아직 봄은 오지 않고

찔레꽃 아리랑

틀어진 혼사가 가시로 또 온 걸까
대낮부터 술에 취해 뾰족해진 용호 삼촌
누구든 걸리기만 하면
물어뜯을 기세다

죽기도 어렵지만 사는 건 더 힘들어
납작하게 엎드려 버텨온 이승의 삶
마지막 남아 있던 자존심
바람으로 날린다

"총칼과 죽창 같은 그딴 것은 필요 없고
누가 가르쳐 줌써, 내 성이 무엇인지"
하늘에 통곡으로 물어도
저 낮달은 말이 없다

빼때기떡 이야기

지고 나면 그만인 게 목숨이라 하지만
해마다 4월이면 붉어지는 섬이 있어
올해도 제사상 대신에
생일상을 차리네

꿈속에 다녀갔나, 앳된 얼굴 우리 삼촌
활짝 피지 못하고 스러진 꽃 생각에
할머닌 또 눈감고 헤아리네,
바닷가 바람 소리

"내 뼈를 갈아서라도 네 이름 찾아주마"
덧쌓인 어둠과 절망 눈물 반죽하듯
다시 온 무자년 대낮을
어루만지는 시린 봄빛

하현달

가면 오고 오면 가도 사랑은 늘 그 자리

꽃 피고 지는 동안 혼자 몰래 늙어버린

할머닌

피난민이었다,

북쪽에 고향을 둔

가시리*

침략의 동영상은 탈색조차 되지 않아

샛노랗게 피어난 유채꽃 앞에 앉아

흥함도 망함도 없는 사랑을 곱씹지만

바투 쥔 애저녁에 혼자 또 뭉클해져

팥알처럼 붉어지는 뜨거운 생각으로

몰려온 어둠 속에다 초록별을 띄우는

* 제주 4·3 사건 때 최다 희생자가 나온 마을.

불룩한 부록(附錄)
— 가림세고(嘉林世稿)*에 부쳐

바꾼들 바뀌리까, 이미 든 물이라면

살면서 배운 것이 길 속에 숨는 일이라

꺾었다, 말뿐인 붓을

다시금 들 수밖에

내쳐지고 잊힌들 무엇이 두려우리까

불 일면 달아오르는 시인의 숙명이라서

피보다 더 붉은 문장을

또 쏟아낼 수밖에

* 조선 숙종 30년에 간행된 시문집. 여류 시인 '이옥봉'의 시가 부록으로 실림.

한 컷*

요란한 총성으로
웃음 모두 사라지고
무르익은 봄날이 화들짝 놀란 아침

엄마가 어린아이 등에 새긴
육필 시를 읽는다

외쳐야 소리이고 맺혀야만
절규인가?
빨갛게 떠올라서 결빙된 아린 봄빛

예감한 죽음의 눈시울

VIRA MACOVI
10.11 19…

---

* 러시아와 전쟁 중인 우크라이나 엄마가 만약을 대비해 이름, 주소 등을 아이의 등에 쓰고 찍은 사진.

제3부

화산섬의 저녁

어둠에 잠기는 섬, 하늘에서 내려다보면
누가 나를 위해 맛난 저녁 지으시나
둘레가 장작불 아궁이처럼
따뜻하고 환하다

빛나는 저 풍경은 엄마가 만든 그리움
없어졌던 어둠에 더 큰 밤이 섬 덮어도
한 번도 불 꺼뜨리지 않아
밥 거른 적 없으니

먼 길에서 돌아오면 제일 먼저 생각나는
좋아하는 양하 무침 한 상 가득히 올려
입맛이 빨리 돌아올 수 있게
뭍의 기억을 지우고

깅이*죽

아무리 용을 써도 뾰족한 수가 없어

쫓기듯이 한평생 바다로 나갔을 엄마

뜨겁게 주저앉아 운다,

무르팍이 안 보인다

* '게'의 제주어.

모란에게

바다와 함께 사는 너와 난 한 가문(家門)이지

꿈에서 주고받은 쉰다리 그 달짝지근한 입맛에 한뎃잠 자던 봄이 새파랗게 자지러지는 줄도 모르고

내 궁상, 오름 위에 솟구쳐
보름달이 되었다

노을을 편애(偏愛)하다
― 옥돔 이야기

마른 세월 그리움 뚝딱뚝딱 썰어놓고

끓여낸 제주 바다 저녁을 퍼 담는다

장맛비 그친 다음 날

육지에서 돌아와

짙푸른 파도 소리 죽어서도 잊지 못해

잘 익은 무 살에 스며든 생각처럼

엄마가 차려낸 밥상을

또 붉게 물들이는

방패비늘

무너진 하우스로 속 끓이는 동생 위해
네댓 마리 전갱이 도마 위에 올린 아침
나직이 와서 눕는다,
등 푸른 가을 하늘

집 된장에 배추 마늘 풋고추 썰어놓고
푹푹 끓인 시름을 국물까지 들이켜면
소주에 절여진 가슴
풀어질까, 말끔히

물러설 수 없는 길, 막다른 골목이지만
치우다 만 철골을 다시 일으켜 세워
튿어진 전갱이의 생
온몸으로 되읽는

콩국에 대한 명상

참길 정말 잘했다, 지나고 돌아보면

한번 뱉은 말은 이미 늦은 후회이니

아팠던 그 모든 과거를

눈 감고 들이킨다

자반고등어

　말해 더 뭘 하겠니, 부모는 다 그런 거다 이고 지고 뛰면서 정신없이 달려온 길

　일말의 후회는 없다, 당장 어찌 된다 해도

　여전히 내 꿈속에 푸르게 남아 있는 너의 그 첫새벽은 아직도 유효한 거니?

　절대로 잊지 말거라, 절어져야 안 썩는다

제주 월동(越冬)무

얼지 않는 최남단 축복의 땅이라지만
없소, 어디에도 춥지 않은 겨울이란
견디고 또 견디다 보면
저 별이 보석인걸

당나라로 가려다가 발길 돌린 그 날부터
찰나의 깨달음은 내 의지의 표현이었소
진수를 보여 줄 수 있어
나 지금 행복하오

우릴 지배하는 건 환경이 아니라오
마음만 먹으면 우주도 내 것인걸
혹한은 전혀 두렵지 않소,
나는 이미 봄인 것을

팥죽 별리(別離)

 섬, 그 속성은 알다가도 모르는 거라서 한 집 건너 바당˙에 두 집 걸러 오름 날마다 찰바당찰바당 몰려오는 허연 파도

 경해도 당신은 복 한 사름이우다 생전엔 어려웡 눈도 잘 못 맞추는 안사돈이 이렇듯 오늘은 맛난 음식을 장만해 와시난

 잘 갑서, 이젠 모든 근심 다 내려놓고 붉은 이 죽 한 사발 천천히 드시멍 한 마리 부전나비가 되어 날아가십서, 훠어얼

* '바다'의 제주어.

새, 푸드덕 날다

구름이 멈춘 곳이 일터가 되었지만
날개 부풀어 오른 푸드트럭 한 마리
노을 진 범섬 앞바다
배경으로 잠기고

닳고 닳은 죽지를 빨갛게 물들여서
수시로 감기처럼 몸을 쑤신 슬픔에도
눈과 귀 지문으로 닦아
그 상처를 숨기고

바람이 길을 내는 저물녘 해안도로
습한 생의 한 자락 깨물어 흘러가면
별 대신 꼬마전구가
이 세상을 밝히고

화장을 지우다
― 섶섬을 보고 와서

날마다
애달프게 그대 그리워했지만
드러내지 못한 사랑 그 속내 물렁해져
오늘도, 서러움 숨긴 채
거짓 웃음 흘린다

혼자 또 중얼대며 거울 앞에 앉아서
허울이 빛나는 건 세상 밖의 일이라고
부딪혀 깨진 생각들
자문하듯 달랜다

덧칠한
그리움은 물 때 많이 끼는 법
민낯으로 보아도 아름다운 나를 위해
숨기고 치장한 세월,
얼룩들을 닦는다

빙하기 시대

맘모스 에그타르트,
초미니에서 초대형까지

알려주지 않아도
다 알고 있다는 듯

오늘도 빵 가게 앞으로
모여드는 사람들

밥보다 부드러운
달콤한 사랑 그리워

덤으로 펼쳐놓은
제주 바다 움켜쥔 채

꽃 빙설 주문을 한다,
꽁꽁 언 마음 열어

아슬아슬

불황의 문장은 아예 정도도 없는지

볼일을 마치고 집에 돌아왔는데 누군가 대문에 끼우고 간 발기한 문장 하나 "시원함은 기본이고 거기다가 촉촉하기까지, 만족하지 못하면 책임지고 100% 환불!!"

넘었다, 말았다 넘었다
하루 하루 또 하루

제4부

정오(正午)의 시(詩)

주변 풍경에 따라 운명이 정해지듯이
딱 봐도 반듯한 유니폼에 슬리퍼
공원을 품고 산 병원의
간병인이 분명하다

누구에게나 공평한 하루 24시간
운동이라 하기에는 너무 짧은 십여 분
사는 게 늘 깜깜한 꿈이라
광합성이 필요하지

간병인의 일상은 고장 난 시계인가
오도 가도 못하는 초침만 남아 있어
급하게 피어난 꽃잎들
푸덕거린다, 새처럼

'바게뜨'라는 그대

칼금 먼저 넣는다, 완성이 되기 전에

내 사랑 나도 몰래 부풀어 터질까 봐

오늘 또 거리를 두고

맴돌다 돌아왔다

차라리 까맣게 타 재가 되고 싶지만

아린 몸 돌돌 말아 발효를 기다리며

무성한 통성(痛聲)의 긴 밤

혼자 몰래 읽는다

타클라마칸*

바람에 일렁이는 모래 바다 물결인지

한 번 발이 빠지면 다시 돌아 나올 수 없는

그랬다, 나에게 있어

언제나 너는

* 중앙아시아에 있는 사막.

떡점

사는 것이 얼마나 아름답고 슬픈 일이냐
좋으면 좋은 대로 나쁘면 또 나쁜 대로
뜨겁게 한세상 뒹굴다
그대에게 가고 싶다

콩닥콩닥 뛰는 가슴 지문으로 매만지며
아픈 몸 부둥켜안고 단풍잎 앞에 앉아
허기진 기억들을 다독여
그대에게 가고 싶다

점괘야 안 맞아도 서러울 것 없다지만
눈 온다는 소식에 오랫동안 맴돌다가
시루떡 팥고물 힘으로
그대에게 가고 싶다

그믐

목젖까지 차오른 말 꾹꾹 눌러 삼킨 날

내가 나를 바라본 그 세상을 떠올려가며

모처럼 마주한 시간, 둥근 달 안 부러워

그대가 떠난 후에야 비로소 깨달은 적막

읽지 못해 지운 문장 신선하게 되살아나

급하게 욱여넣은 詩, 새김질하는 초여름

심심한 안녕

그 누굴 얼싸안고
사랑하기 좋은 날

이별의 말 전하는
낡은 구두 앞에 두고

한평생
발바닥만 읽은
그리움을 닦으며

은총

날개 없는 것들이
수직으로 떨어져도

비 온 뒤 고인 물속에
떠오른 가을 하늘

두둥실 물아래에서도
무지개는 곧추서네

소환행

만성의 통증들이
습관처럼 찾아온 밤
하던 일 밀쳐둔 채
나는 날 부둥켜안고
훨훨훨 날아 갑니다
먼 하늘
오리온자리로

한 뼘씩 톺았지만
봄은 아직 오지 않아
절여진 그리움에
몸은 자꾸 부풀어 올라
오늘은
날짜경계선에서
성좌를 바라봅니다

아시*

오랜 날 애면글면 떠돌다가 날아와서

제 색을 지워내는 섯알오름 억새같이

밀려온 초승의 바다 온몸으로 건너는

*'동생'의 제주어.

벚꽃 벚꽃 바라아제

저렇듯 차질까요 슬픔도 발효되면
오일장 모퉁이에 따스한 봄빛으로
하르르 하르르 벚꽃 잎
꽂혀내리는 늦봄 오후

빛나는 저 좌판은 저 꽃의 그림자인지
삶이 죽음 죽음이 삶 그 뻔한 명제 앞에
종주먹 그 흔적조차도
지워져, 먼지처럼

필 때 먼저 안 꽃, 질 때도 먼저 알까?
신명나는 노랫가락 바람처럼 훑고 가도
꽃들은 부르튼 그 두 손
움켜쥐지 않는다

반성문

어항 속 금붕어가 뻐끔뻐끔 말을 합니다

알 수 없는 문장이 환하게 보일 때까지

엄마는 엄마의 상처를 드러내지 않습니다

어항 속 금붕어가 물방울 숨 내쉽니다

뻐끔뻐끔 뻐끔뻐끔 뻐끔뻐끔 뻐끔뻐끔

딸래민 밤이면 밤마다 엄마의 시를 읽습니다

나이테

나무는 왜 제 몸에 지도를 새길까요?

궁금한 건 못 참아 나무에게 물었더니

별들을 위한 거래요

어두우면 길 잃을까 봐

문득,

전봇대에 붙여진
오래된 '우리 집 방수'

산다는 것이 날마다
누수라서 아득한데

남몰래 새 버린 슬픔
누가 막을 수 있나?

라면과 햄으로는
두부를 품지 못하듯

구멍이 숭숭숭숭
메꿔도 상처가 남아

영원히 똑똑똑 새는
절망에 또 젖어든다

제5부

소리를 읽다

눈으로 들은 것을 귀로 보는 세상일까

이따금 흘러와서 먼저 알아 반응하는

내 오랜 기억의 퍼즐

꽃이 된 저 대낮!

남해의 소리를 찾아서
— 이호생 할머니

1
몽돌처럼 반짝이며 쉰 목을 가다듬어, 풀린 세월 돌돌 감아 호흡 길게 들이키는
앙가슴 저 파도 소리 울 엄마 울음 같다

2
"이내 눈에 이민할 제 임의 눈에 오죽허리"

화강암 지층으로 더께 쌓인 생을 위해, 끊길 듯 끊어지지 않는 물소리가 출렁이고……

3
바다 위에 떠돌며 아득해진 무인도, 가서 영영 오지 않는 한 사람 떠올리듯

한 번도 훑키지 않은 가슴 끝을 훑는다

광양만 매화

괭이잠만 자지 말고 깊은 잠을 자라고

실직에 취업 한파 미세먼지 가득해도

토끼표 수면 양말을 살며시 놓고 가시는

푸른 사상

바다가 마당이 된 용궁사 한 귀퉁이
가슴을 드러낸 채 살아가는 청춘 위해
멀리서 물밀어오는 봄
길의 눈이 되고 있다

씨앗 그 깊은 밤 기억하는 호떡처럼
부서져서 되살아난 햇살의 새순처럼
한 잎씩, 슬픔의 응어리
노릇하게 뒤집고

사는 일 버거워도 웃음을 잃지 않은
이 세상 밝히는 건 더 넓은 바다라고
파도는, 온몸 출렁이며
청춘을 껴안는다

목련, 청춘들

편의점 알바가 몹시 힘에 부치지만

움츠러든 이 세상 가로등으로 세워놓고

한없이 불러 모은 햇살로

마른 허기 닦아내는

낙서를 지우다가

똥들은 지들이 싸고 대체 왜 내게 그러냐고?

개똥 말똥 새똥 쥐똥 돼지똥 호랑이똥 원숭이똥… 그중에서 제일 독하고 더러운 것은 여의도가 뭔지도 모르면서 설치는 인간들이 싸질러놓은 물똥 아니겠나? 본디 저지른 것들이 끝까지 책임지는 게 세상의 이치인데… 아무리 덮고 뭉개고 감추고 개기고 자르고 눙쳐도 거짓말이 참말 될 수 없거늘, 허다 허다 똥 싸는 일도 부족해 이제는 오리발까지

지랄도 팔자소관이지만 아니지 않나, 이건?

어둠의 이유
- 청년 실업자에 대한 변명

꿈을 잃었나, 말도 하지 못한 채
죽은 듯 페트병 속에 갇혀 살고 있는 너
일없이 솟구칠 날 기다린
퀭한 눈의 서리태

죄었다가 풀어도 아무것도 안 보이는
부러진 날개로는 절대 날 수 없는 세상
꽁지가 모두 다 빠지도록
말라버린 서리태

희망이 고문이라면 절망은 자유인가
그림자조차 사족인 이 겨울 그러안고
봄날이 공평하게 오는지
되물어보는 서리태

은행나무의 공식

꽉 막힌 세상에도 숨 쉴 구멍은 있다고

저무는 계절, 하늘 문 연 은행잎

실직의 마른 주머니

두 번 접은 오천 원권처럼

도심지 잉어빵은 황금으로 굽는다지

그 은행잎 한 장을 헐어 봉지 가득 사들고 나면

환하게 열리는 골목

부채꼴로 웃는 저 달

시월에

바람 스친 자리에 머물렀던 생각처럼
단풍 든 오름 한 켠 억새가 한창이다

지우고 다시 떠올린
우리 생이 그러하듯

그리움 감감해서 이 세상 더 빛나는
사랑도 이별도 돌아보면 한 끗 차이

정말로 아름다운 것은
절망하지 않는다

목련꽃차로 내리는 봄빛

어찌 저리 닮았을까,
그대가 떠오른다
'시민필방' 유리창에 내 걸린
붓 한 자루
또 한 번 일필의 고백으로
빗소리를 걷어낸다

겹쳐진 갈피마다
간절한 마음도 있어
두 무릎 힘을 모아 극점 향해
달려간다
망울진 목련 나무들
미세하게 떨릴 때

꽃이 차로 거듭나는
순간의 마음으로
깜냥껏 그대 위해 드러낸
생얼을 안고
한 장씩 서책(書冊)을 넘겨
숨 깊게 들이켜는

말들의 기록

 꽃들의 말 떠올려 그 마디에 밑줄 긋듯 겨우내 덮고 자던 이불 빨아 내다 건다 무심결 받쳐 든 햇살에 잠시 마음 내려놓고

 그래그래, 나도 한땐 달콤함만 긍정했지 그냥 움키기만 하면 뭐라도 될 것 같았지만 실상은 읽을 수 없는 비문임을 깨닫는다

 헛꿈 같은 말에는 듣는 귀가 없는지 뱀의 허물 휘감은 부호들 마구 흩날려 나는 또 뱉은 말을 시쳐서 공글리며 훔쳐놓고

그늘이 환하다

못다 핀 꿈들이 꽃으로 온 것인지
거리두기로 적막한 먹자골목 귀퉁이 안고
때아닌 돈세상*의 햇살
문전성시 이뤘다

평소라면 한없이 스러지고도 남았을 시간
허공에 아슬아슬 대를 올린 맨드라미
이제 곧 파도로 밀어닥칠
그 어둠 아랑곳없다

너덜겅도 넘었는데 이딴 슬픔 못 넘을까
애저녁 불판마다 지글지글 타는 노을
그 속에 들어앉은 사람들
등허리가 하 붉다

* 식당 이름.

당신의 섬을 만나 절망하지 않기

김효선(시인)

 어떤 말씨에 섞인 표정을 떠올린다. 문장과 연결되지 않는 얼굴이다. 우리는 자주 외모와 목소리, 혹은 내면이 서로 다르게 움직이는 사람들을 접하게 된다. 그 얼굴에 맞는 목소리가 따로 존재한다고 믿고 싶은 것이다. 때로는 낯섦에 당황하기도 하지만 깊이가 들어있는 목소리에 금방 빨려든다. 처음 느꼈던 이질적인 면이 오히려 매혹적으로 다가온다. 그 반대의 경우도 존재한다. 형태와 소리는 어떻게 하나의 울림을 가질까. 사람과 시는 그런 면에서 꽤 닮아있다. 본래의 것에서 이질적인 것으로 자신을 드러낸다는 점에서 비슷하다고 할 수 있다. 사물과 사물 혹은 관념과 관념의 은유나 비유 혹은 환유라고 할 수 있겠다. 얼굴은 고유의 유전자로 형성된 것이지만 얼굴 뒤에 나타나는 말과 행동, 마음은 달라질 수 있으며, 다르게 나타난다. 시도 비슷하다. 실제 사물과 글 속에 나타난 사물은 보는 이에 따라 다른 얼굴 다른 목소리를 낸다. 그렇다고 원래의 사물이 사라지는 것은 아니다.

　유협의 『문심조룡』에서는 『시경(詩經)』에는 육의(六義)가 있는데 그 두 번째에 부(賦)를 두고 있다. '부(賦)란 포(鋪)다. 문장의 수식을 펼쳐서 문학작품을 창작하고, 사물을 관찰하여 감정과 사상을 표현한 것이다.'라고 하였다. 즉 '경물(景物)과의 접촉을 통하여 어떤 감흥을 불러일으키고, 정경(情景)의 변화에 주목하여 거기에 따른 적합한 반응을 보여'주는 것으로 '물상(物象)을 묘사함에 있어서는 사물의 본성에 맞는 비유를 중요시'한다는 말이다. 시를 짓는 데 있어 가장 기본적인 표현법이다. 특히 시라는 장르가 생기기 전 시조는 기본적으로 이런 형식을 띤다. 따라서 시조에서 가장 중요한 부분은 '사물의 본성에 맞는 비유'라 할 수 있다. 사물은 시인의 시선에 의해 생각과 감정을 가지게 되고 문장으로 드러나게 된다. 그것은 묘사와 비유의 문장을 통해 새로운 얼굴을 갖는다. 그곳엔 햇살과 바람이 자유롭게 드나들도록 품이 넓어야 하며 맵시도 좋아야 한다. 그러니 기본이라고 하지만 실은 가장 어려운 표현법이라 하겠다. 사유와 인식의 큰 틀인 통찰이 있어야 가능하기 때문이다. 그런 면에서 송인영 시인이 사물을 바라보는 시선은 부(賦)에 충실하다고 하겠다. 범인(凡人)이 보는 시선과는 분명 다른 힘으로 사물을 투영하여 비유하고 있기 때문이다.

　가장 먼저 이 시집에서 우리를 놀라게 하는 힘은 사물

에 대한 새로운 시선이다. 우리에게 사물은 어떻게 정의되는가. 사물은 지역과 시대와 사회적 영향을 받는 대상이다. 사전적 정의만으로 사물의 개념을 대신할 수 없다. 이 시집에서 사물은 시인이 정의 내리는 이름으로 존재한다. 특히 제주의 성질을 지닌 사물들이 많이 등장한다. 「엉또」, 「빙떡」, 「자리젓」, 「꽃의 지문-섬나라 메밀꽃」, 「찔레꽃 아리랑」, 「빼때기떡 이야기」, 「깅이죽」, 「콩국에 대한 명상」, 「자반고등어」, 「제주 월동무」 등등이다. 가장 제주적인 사물을 시인은 어떤 눈으로 바라보고 정의할까.

    언젠가 우리들은 만나지 않겠습니까

    돌고 도는 세상사 아무리 고단타 해도

    살면서 문득 돌아보면

    거기, 내가 있을게요
    ―「빙떡」 전문

    못다 한 마음이 천년을 되돌려서 혼자 몰래 사랑한 그 마음 다시 곰삭혀 천년에 다시 천년 더 그리워할 수 있다면 ―「자리젓」 전문

    아무리 용을 써도 뾰족한 수가 없어

쫓기듯이 한평생 바다로 나갔을 엄마

뜨겁게 주저앉아 운다,

무르팍이 안 보인다
— 「깅이죽」 전문

참길 정말 잘했다, 지나고 돌아보면

한번 뱉은 말은 이미 늦은 후회이니

아팠던 그 모든 과거를

눈 감고 들이킨다
— 「콩국에 대한 명상」 전문

「빙떡」, 「자리젓」, 「깅이죽」, 「콩국에 대한 명상」은 제주라는 지역적 문화적 환경으로 인해 생겨난 사물이라고 할 수 있다. 그러나 어디에도 '빙떡'이나 '자리젓'이 가진 냄새를 풍기지 않는다. '깅이'의 까끌거림도 '콩국'의 배지근함도 없다. 다만 사물로 하여금 인생의 단면을 돌아보게 한다. 우리가 보편적으로 알고 있는 사물이나 대상의 이름과 멀어져 있다. 이를테면 「빙떡」에서는 '돌고 도는 세상사'를 통해 '문득 돌아'볼 때마다 '거기, 내가 있을게요'를 통해 늘 '한결같이 변함없는 사람'을 비유한다. '빙떡'은 채 썬 무를 메밀 반죽에 넣고 둘둘 말아서

먹는 제주의 전통음식이다. '빙떡'이면서 '빙떡'이 아닌 이름이 우리를 낯선 지점으로 이끈다. 「자리젓」에서도 '혼자 몰래 사랑한 그 마음'을 '천년에 다시 천년 더 그리워할 수 있다면'이라는 표현을 통해 '아무리 세월이 흘러도 변하지 않을 곰삭은 그리움'을 표출하고 있다. 「깅이」에서는 '아무리 용을 써도 뾰족한 수가 없어/뜨겁게 주저앉아 우는' 화자를, 「콩국에 대한 명상」에서는 '아팠던 그 모든 과거를/눈 감고 들이키'는 묘수를 두고 있다. 송인영 시인은 일반적인 사물을 낯선 대상으로 치환하여 새롭게 감각의 문을 두드린다. 존재의 본질과 근원이 어디에서 온 것인가를 묻는 행위라 볼 수 있다. 사물은 인간과 관계를 통해 존재의 본질을 드러낸다. 시인은 통찰을 통해 사물마다 존재의 근원을 밝혀냄으로써 삶의 이면을 드러낸다. 그것들은 차마 드러내기 힘든 감정들이다. 사물이라는 매개체를 통해 내면에 잠재하고 있는 묵은 감정들을 쏟아낸다. 시인은 그렇게 사물을 통해 자기를 정화한다.

사물에 대한 새로운 생각을 읽을 수 있는 시는 단연 「양파, 도마를 썰다」이다. 이 시에서는 주체의 전이를 향해 감정의 발설이 드러난다.

　　만만한 게 아닌가요? 뭐 그리 신나나요

　　비겁하게 날마다 변명만 하지 마시고

원하면 한 번 썰어보세요

나도 밤이 궁금하네요

보름달 바라지만 결코 쉽지 않을 걸요

믿음이 깨진 순간 사랑은 사라질 테니까

그러니, 제발 조심하시고

얌전하게 사세요
— 「양파, 도마를 썰다」 전문

　제목을 '도마, 양파를 썰다'가 아닌 '양파, 도마를 썰다'라고 하였다. '양파'와 '도마'의 역할이 서로 바뀐 듯하다. 그러나 그것은 인간의 착각이다. 무엇이 먼저고 무엇이 나중인지를 결정하는 것은 주체가 선택할 일이다. '만만한 게 나인가요?'라는 첫 문장부터 화자는 불만이 가득하다. 어떤 울분이 쌓여서 그런 말이 나왔는지는 모른다. 여기서 화자는 불특정다수다. '화'의 대상도 나타나지 않는다는 것 역시 불특정인일 가능성이 높다. '화'가 많은 세상이다. 물질만능주의 시대에 불공정, 불공평은 예견된 흐름이었는지 모른다. 수직적인 구조 속에서 점점 사회적으로 부조리가 심각해지고 있다. 그렇다면 어렴풋이 '양파'의 존재와 '도마'의 존재를 짐작해 볼 수 있다. '양파'로 '도마' 썰기는 '계란으로 바위 치기'와 비슷하다. 권력을 가진 자와 그 권력으로부터 자신을 지켜야 하는 자 사이의 불화일지도 모른다. 하지만 아예 가망이 없는 것은 아니다. '원하면 한 번 썰어보세요'라며 강력한 배짱을 드러내는 화자. 막다른 골목에서 외쳐대는 '보름달 바라지만 결코 쉽지 않을 걸요'라는 문장. '양파'는 성질이 맵고 껍질을 까고 까도 쉽게 속을 내비치지 않는다. 궁지에 내몰린 약자는 이렇게 '양파'를 닮아간다. 강자에게 더 강하게 밀고 나가는 힘이 바로 '양파'다. 또 여기서 '양파'의 위치와 '도마'의 위치는 확연히 다르지만 그럼으로써 절대로 깨지지 않는 법칙에 대한 반기를 드는 것이다. '도마'는 '칼'이 없으면 아무것도 썰지 못한다. 여기서 '칼'이 등장하지 않지만 '밤'이라는 어둠의 속성을 통해 행위의 주체를 '양파'로 전이시킨다. '양파'와 '밤'은 서로 다른 성질이지만 속을 알 수 없다는 점에서 비슷하다. 대부분 '화'의 근원은 '믿음이 깨'지는 순간이다. 믿음이 깨지면 관계도 끝난다. '화'는 어쩌면 섬이 가진 태생적 근원인지도 모른다. 섬사람들을 향한 핍박과 억울함의 역사가 지독한 불신으로 이어졌다고 해도 과언이 아니다.

송인영 시인의 시집 2부에서는 상처받은 사람들의 원망을 대신 쏟아내고 있다. 제주에서 4.3의 역사를 빼고 말할 수 있을까. 날 궂은날이면 무릎이 쑤시고 손가락이 저리는 것처럼 '해마다 사월이면 붉어지는 섬'(「빼때기떡 이야기」)이 바로 제주다. '산에서는 몸이 얼고 내려가면 아득하고'(「4월, 동광리에서」) 그렇게 '죽기도 어렵지만 사는 건 더 힘'(「찔레꽃 아리랑」)든 세상이었다. 피바람이 지나간 후에도 '물에 들면 산 사람, 뭍에서는 죽은 사람/목숨이 빗창*같아서 바닥을 기어 다녔'(「겨울에 읽는 오름 시편-제주 해녀」)으며, '죄라면 난리 피해 숨어 산 게 전부인데/어느 날 첩첩한 어둠 사이/끼어버린 사람'(「4월, 동광리」)이 되어 있었다. '총칼과 죽창 같은 그딴 것은 필요 없고/누가 가르쳐 줌써, 내 성이 무엇인지'(「찔레꽃 아리랑」)라고 울부짖을 때 '내 뼈를 갈아서라도 네 이름 찾아주마' (「빼때기떡 이야기」)라며 막다른 골목에서도 이를 악물고 살아가는 모습을 볼 수 있다. 결국 시인은 「섬의 사회학」을 통해 섬사람들이 품은 마음을 조금이라도 어루만져주고 싶었던 건 아닐까.

흔한 게 돌이라서 쌓는 게 담이라 마씸?

함부로 말허지 맙써, 살아보지도 않고서

는쟁이 그 범벅 낭푼에도

무사 경 꼭 금 긋는지
— 「섬의 사회학」 전문

그렇다. 제주에 돌이 많다는 건 누구나 다 아는 사실

이다. 화산섬이라는 말이고 척박한 환경이라는 말이다. 여기서 '흔한 게 돌'이라는 말은 제주 사람을 에둘러 말하고 있다. '흔한 돌=제주인=담'으로 읽을 수 있다. 외지인들은 제주인들이 무뚝뚝해서 소통이 힘들다고 말한다. 사람 사이 관계에도 올레길마다 쌓아놓은 '담'이 있다고 생각한다. '담'은 '경계'와 '거부', '불통'의 의미를 안고 있다. 하지만 제주 토박이 시인은 '살아보지 않고' 하는 말이라고 호통친다. 어디에 가든 섬사람하면 으레 따라오는 말들이 있다. 고정관념이기도 하고 시대에 떨어진 생각인데도 여전히 섬사람을 바라보는 시선이 곱지만은 않다. 그러나 제주의 '담'을 다른 시선으로 보면 충분히 이해할 수 있다. 제주의 돌담엔 '틈'과 '사이'가 있다. 이 말은 마음을 굳게 닫아놓지 않았다는 말이다. 얼기설기 놓인 돌 사이로 바람이 드나들어 아무리 거센 태풍이 불어도 담은 무너지지 않는다. 열린 시선으로 섬을 바라보면 어느 곳에서든 따뜻한 바람이 몰려온다. 그러니 '경 꼭 금 긋'지 말고 그 뒤에 숨겨진 마음을 보시라.

그렇게 하나둘 쌓인 아픔과 상처는 연민으로 이어진다. 가족은 언제 가족을 벗어날 수 있을까. 가족 중 누군가를 잃었을 때 혈연은 더욱 끈적한 피를 갖는 모양이다. 어쩌면 그것 또한 관습이지 않을까 생각하지만. 부모에 대한 마음은 응당 그래야 하는 거라고 끊임없이 학습해온 결과 몸에 배어버린 마음은 아닐까. 그래서 가족은 객관적인 거리를 가지기 쉽지 않다. 하나의 주체로 바라보기도 쉽지 않다. 내 마음과 네 마음이 섞여버리는 형태가 된다. 그리고 사물에 가족을 향한 연민을 투영한다. 「엉또」, 「종주」, 「공터의 하루」, 「사랑의 기울기」, 「화산섬의 저녁」, 「노을을 편애하다」, 「방패비늘」, 「깅이죽」, 「팥죽 별리(別離)」 등등에서 강한 연민을 확인할 수 있다.

> 모름지기 남자는 헤프게 울지 않는 법
> 일평생 그 말씀을 유언으로 삼았을까?
> 아버진 가문 날 벼랑처럼
> 그리 살다 가셨다
>
> 울고 싶은 이 세상 끝까지 부둥켜안고
> 절대로 울지 않는 아버지가 되기 위해
> 남몰래 밤하늘 바라보며
> 외려 별을 위로하며
>
> 산다는 건 슬픔도 가슴에 음각하는 일
> 아버지가 남겨놓은 아버지의 고집같이
> 함부로 눈물 보일 수 없어
> 나는 울음을 삼킨다
> ―「엉또」 전문

「엉또」에서는 돌아가신 아버지에 대한 남다른 사랑

을 볼 수 있다. '절대로 울지 않는 아버지가 되기 위해/ 남몰래 밤하늘 바라보며/외려 별을 위로'했던 사람. 한 가정을 책임지기 위해 어떤 어려움도 견뎌야 했던 아버지다. 시인은 그런 아버지를 보고 자랐기에 어느새 아버지와 닮아있는 자신의 모습을 발견한다. 결국 아버지를 통해 '산다는 건 슬픔도 가슴에 음각하는 일'이라는 진리를 깨닫게 된다. 부모는 자식의 거울이라는 말이 있다. 나도 모르게 부모의 습성이 투영되어 비슷한 감정을 느끼게 된다. 우리가 혈연이라고 부르는 그 끈적함이 바로 이런 것이라 하겠다.

'엉또'는 제주도 서귀포시 강정동에 위치한 폭포로 평소에는 큰 바위로 이루어진 산처럼 보인다. 그런데 비가 쏟아지면 그때야 웅장한 폭포의 모습을 드러낸다. 비가 많이 온 다음 날이면 사람들이 북새통을 이룬다. 제주에서는 좀처럼 보기 드문 형상이다. 그렇다면 시인은 왜 아버지를 '엉또'라는 사물에 비유했을까. 시에서든 시조에서든 비유를 하기 위해서는 사물의 본성에 맞는 적절함을 찾아야 한다. 사물의 변화에 주목하며 내가 쓰고자 하는 주제와 교집합이 생성될 때까지 기다려야 한다. 그러기 위해서는 몇 날 며칠 관찰하고 온 마음을 기울여 사색해야 한다. 그런 결과물이 바로 '엉또'라 할 수 있다. 아버지와 엉또의 교집합은 '함부로 눈물 보일 수 없어/ 나는 울음을 삼킨다'라는 부분이다. 그것은 결국 '산다는 건 슬픔도 가슴에 음각하는 일'이라는 깨달음을 얻었기 때문이다. 시에서 비유의 역할은 드러낼 수 없는 감정 혹은 사유를 눈앞에 아주 큰 그림처럼 걸어놓는다는 것이다. 독자 또한 감정의 반응과 가장 적절한 사물과 마주쳤을 때 정서적 공감으로 이어진다. 시에서 뿜어져 나오는 아우라는 바로 그런 통찰력이다. 송인영 시인이 시 대부분에서 그런 아우라가 느껴진다. 시인이 어머니를 그리는 방식도 다르지 않다.

아무리 용을 써도 뾰족한 수가 없어

쫓기듯이 한평생 바다로 나갔을 엄마

뜨겁게 주저앉아 운다,

무르팍이 안 보인다
— 「깅이죽」 전문

　어둠에 잠기는 섬, 하늘에서 내려다보면/누가 나를 위해 맛난 저녁 지으시나/둘레가 장작불 아궁이처럼/따뜻하고 환하다//빛나는 저 풍경은 엄마가 만든 그리움/엎어졌던 어둠에 더 큰 밤이 섬 덮어도/한 번도 불 꺼뜨리지 않아/밥 거른 적 없으니//먼 길에서 돌아오면 제일 먼저 생각나는/좋아하는 양하 무침 한 상 가득히 올려/입맛이 빨리 돌아올 수 있게/뭍의 기억을 지우고
— 「화산섬의 저녁」 전문

마른 세월 그리움 뚝딱뚝딱 썰어놓고

끓여낸 제주 바다 저녁을 퍼 담는다

장맛비 그친 다음 날

육지에서 돌아와

짙푸른 파도 소리 죽어서도 잊지 못해

잘 익은 무 살에 스며든 생각처럼

엄마가 차려낸 밥상을

또 붉게 물들이는
― 「노을을 편애하다-옥돔 이야기」 전문

　엄마는 한평생 밥상을 차리는 사람 같다. '좋아하는 양하 무침 한 상 가득히 올려'(「화산섬의 저녁」), '잘 익은 무 살에 스며든 생각처럼'(「노을을 편애하다-옥돔 이야기」), '쫓기듯 한평생 바다로 나갔을 엄마'(「깅이죽」)를 보면 엄마는 가족들의 밥상을 책임지기 위해 자신의 한 몸 부서지도록 애를 쓴다. 위의 시에서도 마찬가지로 엄마와 연결된 사물은 '깅이'와 '저녁', '옥돔'이다. 사물은 '엄마'와 하나로 밀착되어 물아일체의 경지에 오른 것으로 시인이 오랫동안 관찰한 결과물이다. 그것은 '빛나는 저 풍경은 엄마가 만든 그리움'이며 '끓여낸 제주 바다 저녁을 퍼 담'아 '뜨겁게 주저앉아' '무르팍이 안 보이'게 되는 현상들이다. 비유는 시인의 사유와 인식의 결과물이다. 시에서 어떤 소리를 내느냐에 따라 형태를 취하고 형식을 만든다. 우리는 그것을 작가의 문체라 부르기도 한다. 송인영 시인은 자신만의 문체를 위해 제목의 상징성을 내용의 비유로 이끌어냈다. 그로 인해 시 한 편 전체가 거시적 구조를 띠게 된다.

시인은 가장 제주적인 냄새를 엄마로 그려낸다. 엄마는 제주이면서 나이면서 세상을 견딜 수 있게 해 주는 신적인 존재이다. 그러니까 엄마는 내가 살고 있는 아주 작은 섬에서 우주를 품고 있는 사람이다. 사물을 통해 인간의 본질을 꺼내는 형식은 가장 우월한 형태의 방법론이라 하겠다. 그리고 송인영 시인은 가장 높은 차원의 사랑을 표현하는 방식에까지 다다른다.

칼금 먼저 넣는다, 완성이 되기 전에

내 사랑 나도 몰래 부풀어 터질까 봐

오늘 또 거리를 두고

맴돌다 돌아왔다

차라리 까맣게 타 재가 되고 싶지만

아린 봄 돌돌 말아 발효를 기다리며

무성한 통성(痛聲)의 긴 밤

혼자 몰래 읽는다
— 「'바게뜨'라는 그대」 전문

그 누굴 얼싸안고
사랑하기 좋은 날

이별의 말 전하는
낡은 구두 앞에 두고

한평생
발바닥만 읽은
그리움을 닦으며
— 「심심한 안녕」 전문

바람 스친 자리에 머물렀던 생각처럼
단풍 든 오름 한 켠 억새가 한창이다

지우고 다시 떠올린
우리 생이 그러하듯

그리움 갑갑해서 이 세상 더 빛나는

사랑도 이별도 돌아보면 한 끗 차이

정말로 아름다운 것은
절망하지 않는다
─「시월에」 전문

사랑은 '사랑한다'라고 말하고 나면 어떤 진술도 추가할 수 없게 된다. 그래서 우리는 다양한 방식과 장치로 사랑을 고백한다. 그것은 사랑이 상대방에게 가닿는 울림을 준비하는 의식 같은 것인지도 모른다. 송인영 시인이 말하는 사랑은 어떤 소리와 형태를 가질까. '바게트'는 밀가루, 소금, 이스트에 물만 넣어 만드는 가장 단순한 빵이지만 만들기 어려운 빵이라고 한다. 막대기 모양의 긴 빵으로 딱딱해서 칼금을 내거나 잘라서 먹어야 한다. 시인에게 바게트는 '내 사랑 나도 몰래 부풀어 터질까 봐' 조심스러운 감정을 느끼게 하는 대상이다. 사랑이 얼마나 긴 발효의 시간을 거쳐야 하는지 알기에 '아린 봄 돌돌 말아 발효를 기다'려야 얻을 수 있다는 걸 안다. 그 '무성한 통성(痛聲)의 긴 밤'을 '바게트'에 담아 내놓는다. '바게트'는 특별한 맛이 느껴지지 않는「심심한 안녕」으로 이어진다. '한평생/발바닥만 읽은/그리움을 닦'는 행위다. 터지고 갈라지고 굳은 살이 박혀있는 바게트 덩어리 같은 발바닥이다. 하지만 그런 시간은 흐르게 마련이다. '바람 스친 자리에 머물렀던 생각'(「시월에」)도 어느새 '단풍 든 오름'과 '억새'로 채워진다. 그렇게

'사랑도 이별도 돌아보면 한 끗 차이'였다는 걸 깨닫게 된다. 사랑과 이별은 지독하게 붙어있는 한 쌍이다. 영원한 명제이며 떼어낼 수 없는 한 몸이다. 영원한 사랑은 늘 인간에게 질문인 동시에 숙제일 수밖에 없다. 우리가 초월적 사랑으로 흘러갈 수밖에 없는 이유이기도 하다. 그 모든 고통과 절망을 체험한 시인은 '정말로 아름다운 것은/절망하지 않는다'는 진리를 터득하게 된다. 시를 쓴다는 것은 그런 것일 테다. 내가 어떻게 바라보느냐에 따라 세상을 바라보는 눈도 달라진다. 결국 시를 쓰는 것 역시 자신의 마음을 다스리기 위한 하나의 수단이다. 존재의 소리를 들으며 제각각 꼭 들어맞는 형식을 찾아낼 때 시 쓰기의 카타르시스는 고조된다. 한 사람의 세계관 혹은 우주관은 그렇게 완성되어 가는 것일 테다.

하고 싶은 말을 다 하지 않고 참는 것. 시조는 시보다 더 형식과 규칙에 영향을 받는다. 물론 요즘은 많이 완화된 모습이다. 시인지 시조인지 구분이 잘 안 되는 시조도 많다. 그렇다고 해도 기본적인 형식을 벗어나지는 않는다. 그 짧은 형식에 촌철살인의 문장이 들어가야 한다. 그러기에 시인은 끊임없이 사물의 소리를 들으며 내 것으로 만들어 밖으로 꺼내놓는다. 시집 한 권에 한 사람의 생이 고스란히 묻어 엮인다. 때로 스웨터의 씨줄 날줄로 짜인 촘촘함을 보다가 또 때로는 거친 바다를 성큼 건너가는 용기도 보인다. 송인영 시인의 시가 갖는 아름다움은 대상이 가진 소리를 가장 가깝게 표현하는 형식이라는 점이다. 그리하여 가장 작은 존재가 내는 소리에 귀 기울이게 함으로써 일상의 모든 사물에게 발화할 기회를 준다.